This Kid's wedding coloring book belongs to:

_ _ _ _ _ _ _ _ _ _ _

JUST MARRIED

WORD SEARCH

```
E  X  P  P  M  V  E  E  L  J  D  B
B  U  W  Q  J  K  A  H  L  O  V  E
E  S  E  L  Z  S  H  B  H  G  Y  W
L  V  D  H  U  S  B  A  N  D  R  Y
L  M  D  H  X  W  I  N  E  R  D  M
S  W  I  J  B  C  S  A  R  H  Z  E
L  Z  N  R  R  S  Y  C  Y  I  V  N
S  W  G  C  L  Q  O  N  U  O  N  Q
B  I  A  A  U  C  I  K  D  I  X  G
W  L  Y  K  A  N  R  I  B  B  O  N
W  I  F  E  Y  S  F  U  U  B  F  V
C  I  U  G  M  A  R  R  I  A  G  E
```

Search up, down, forward, backward, and on the diagonal to find the hidden words.

MARRIAGE   LOVE

HUSBAND   RING

WIFE   RIBBON

DOVE   WINE

WEDDING   BELLS

Help the groom get to her bride

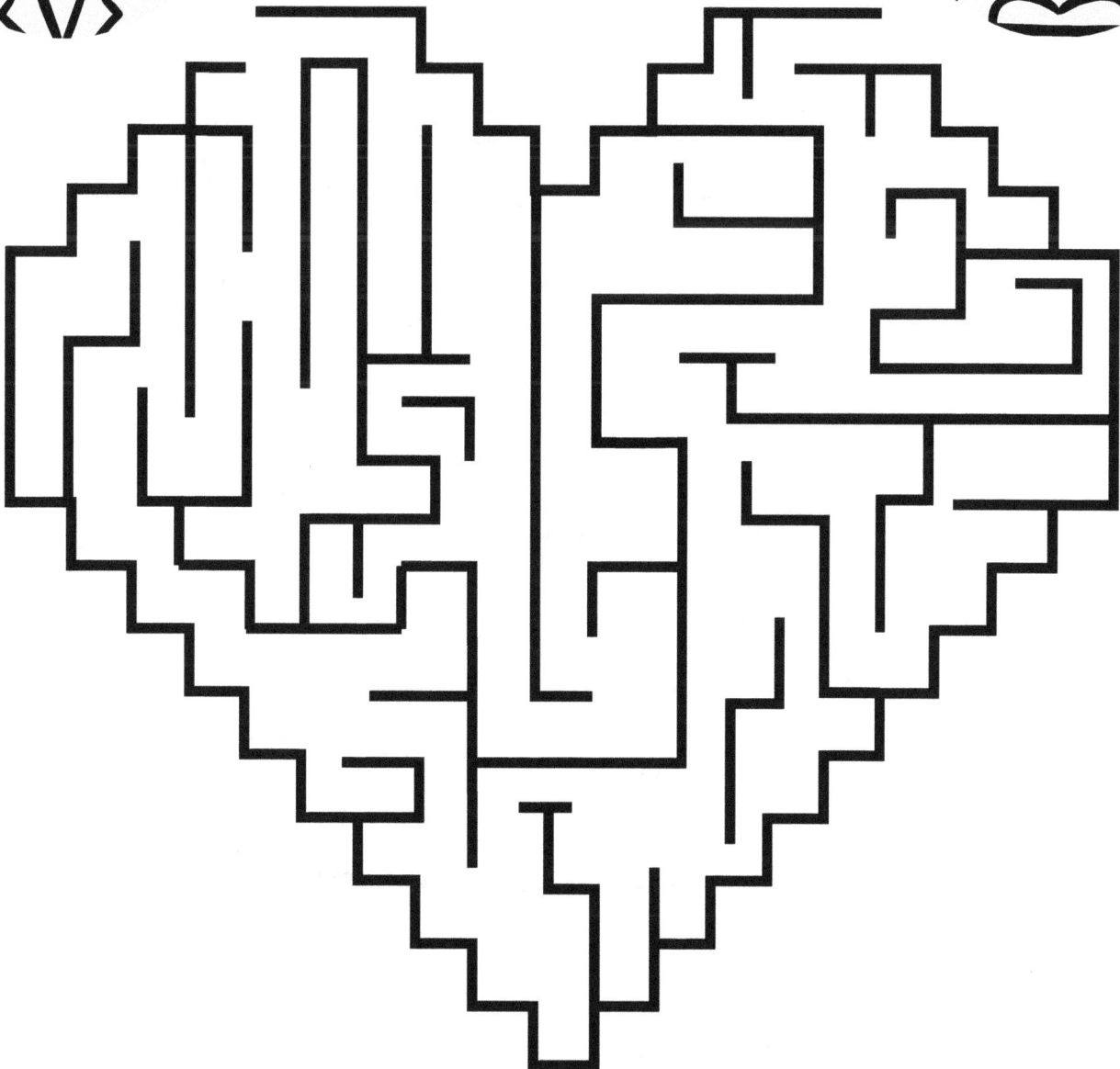

Decorate your own wedding cake

Match the wedding things together.

:

Spot the difference with the two pictures.

Write down your sweet message for the bride and groom.

just married

LOVE

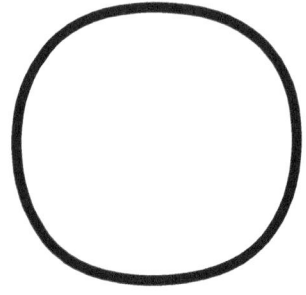
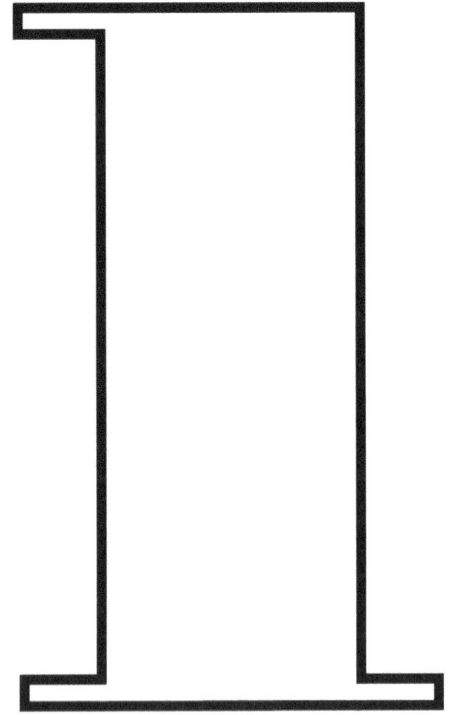
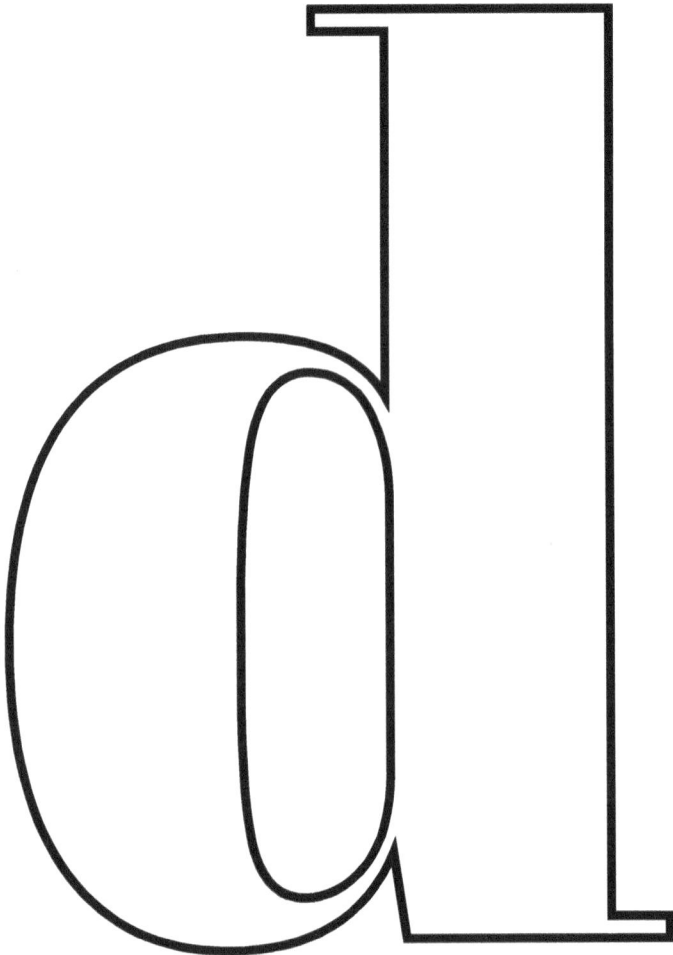
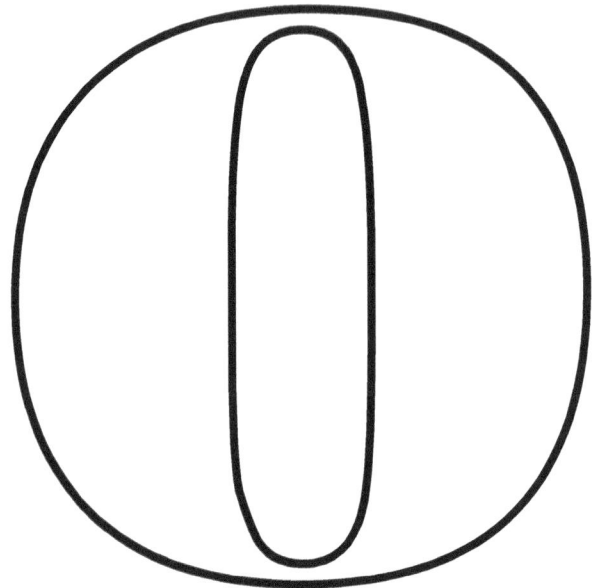

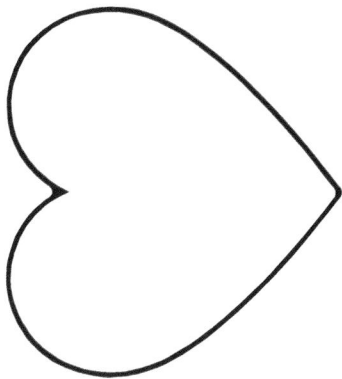

TOGETHER

FOREVER

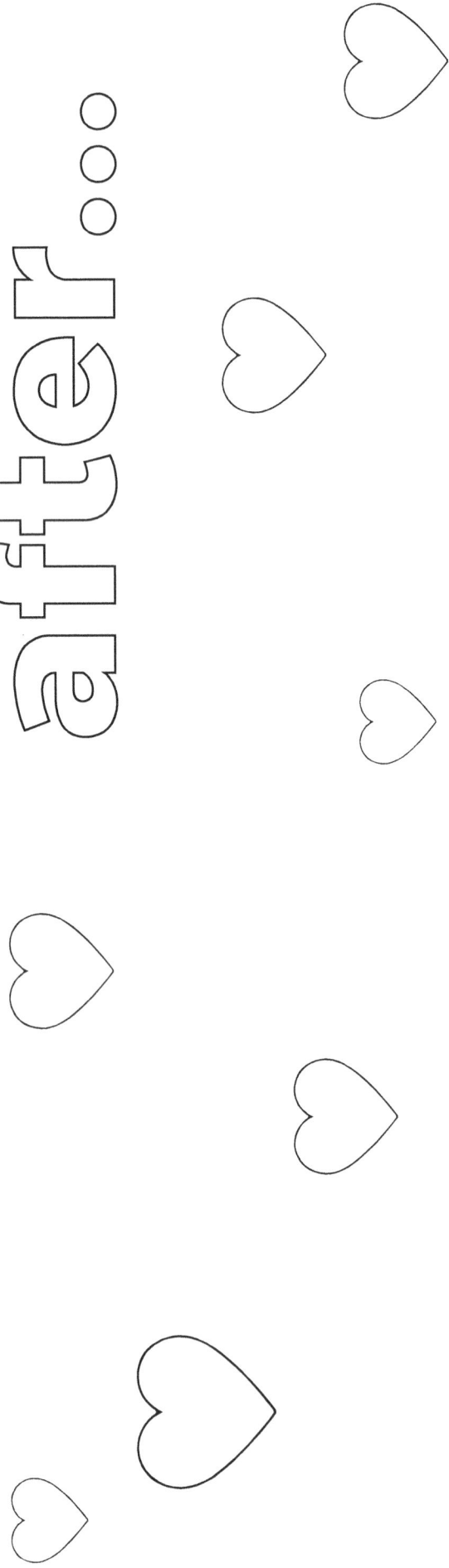

and they lived

HAPPILY ever

after...

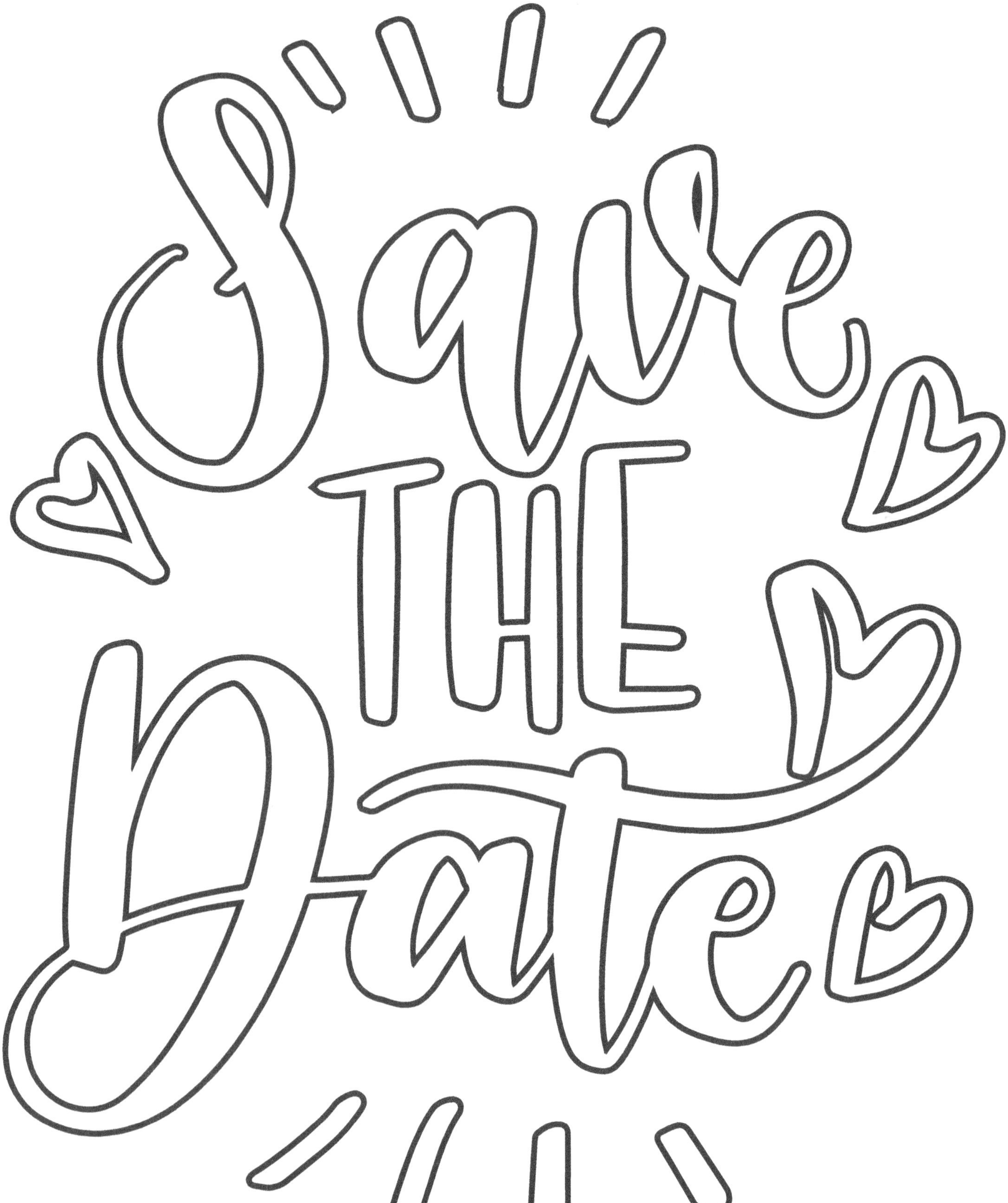
Save
THE
Date

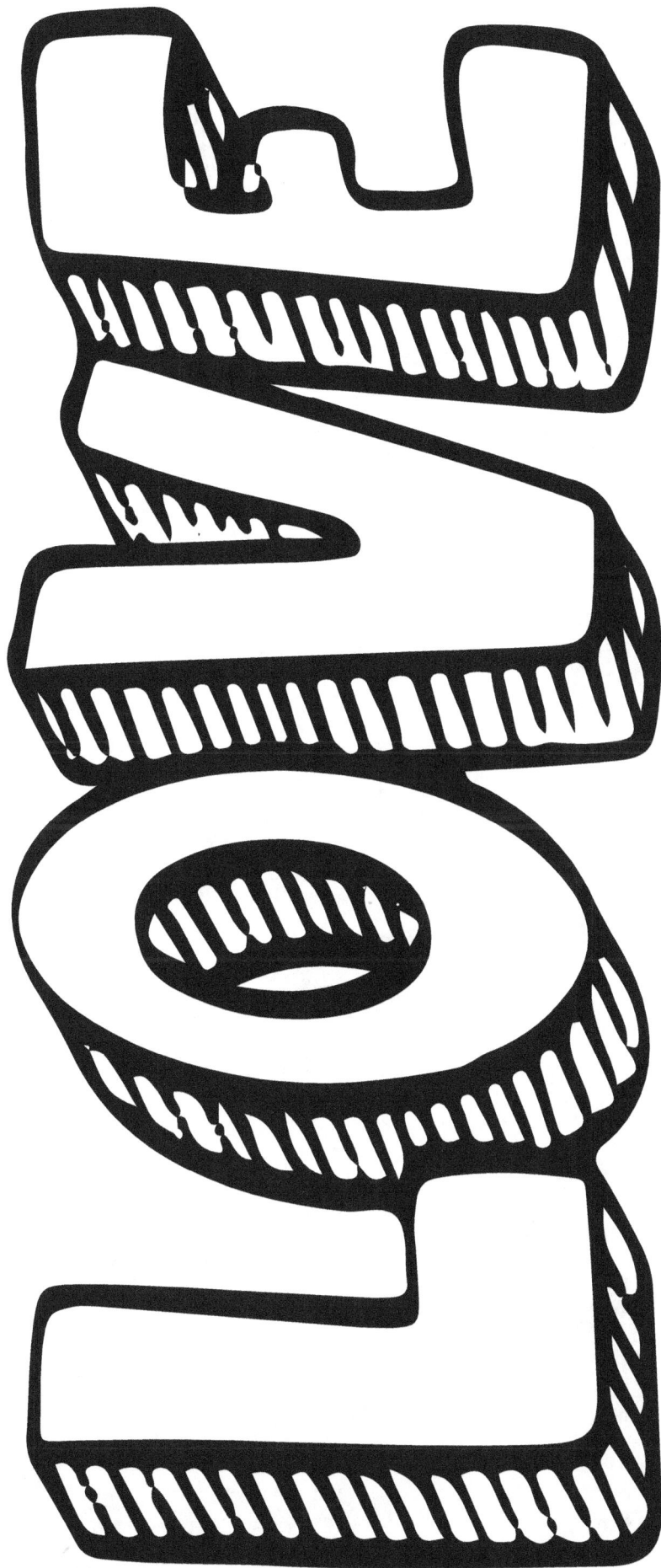

LOVE

THE love OF my life

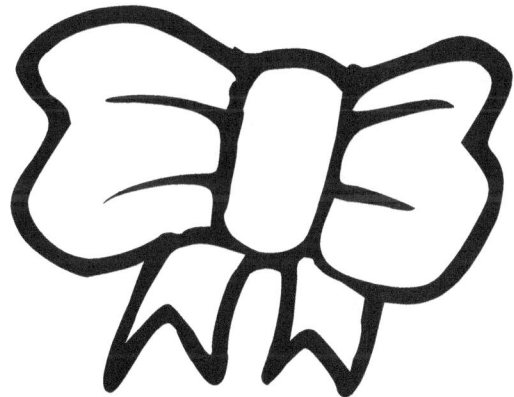

This is where the magic happens

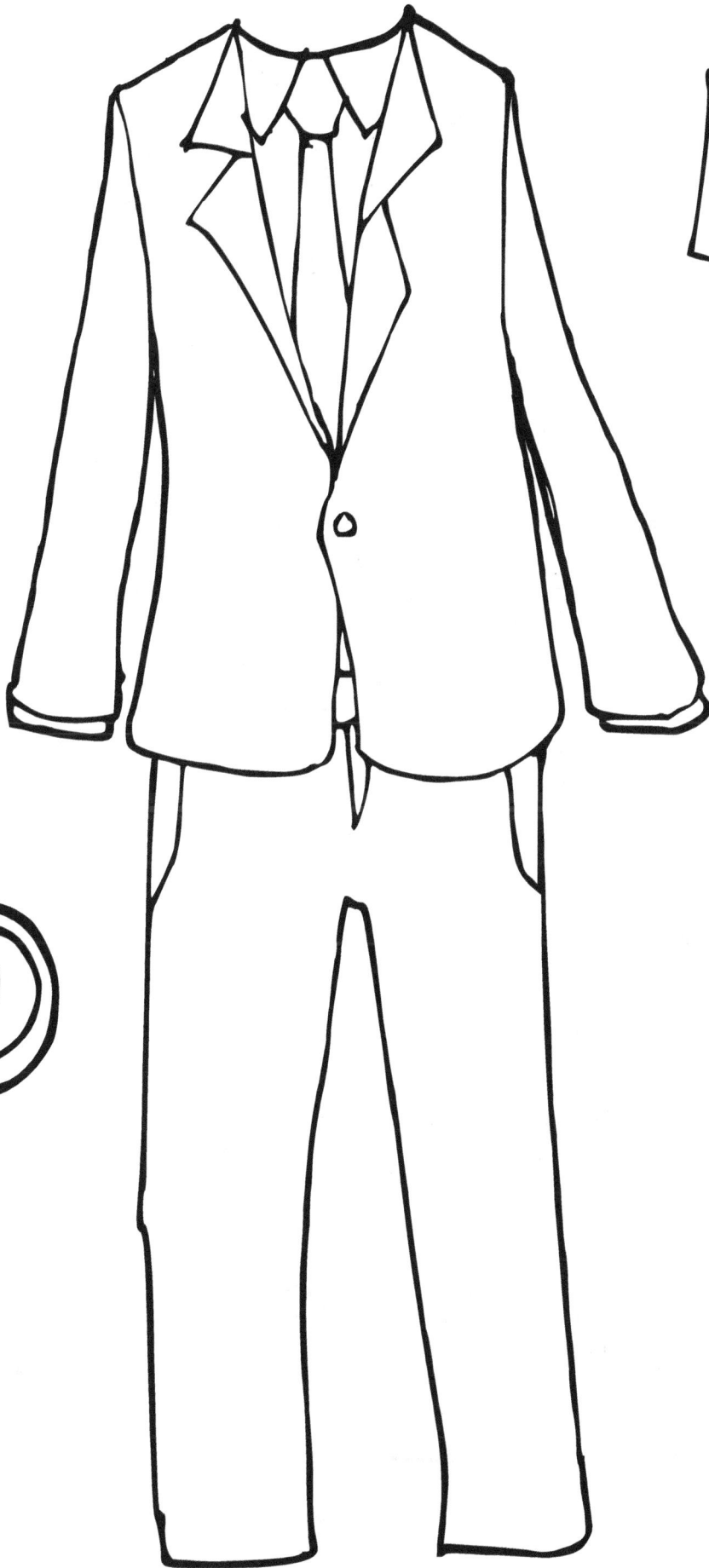

WORD SEARCH

```
E X P P M V E E L J D B
B U W Q J K A H L O V E
E S E L Z S H B H G Y W
L V D H U S B A N D R Y
L M D H X W I N E R D M
S W I J B C S A R H Z E
L Z N R R S Y C Y I V N
S W G C L Q O N U O N Q
B I A A U C I K D I X G
W L Y K A N R I B B O N
W I F E Y S F U U B F V
C I U G M A R R I A G E
```

Search up, down, forward, backward, and on the diagonal to find the hidden words.

MARRIAGE	LOVE
HUSBAND	RING
WIFE	RIBBON
DOVE	WINE
WEDDING	BELLS

Help the groom get to her bride

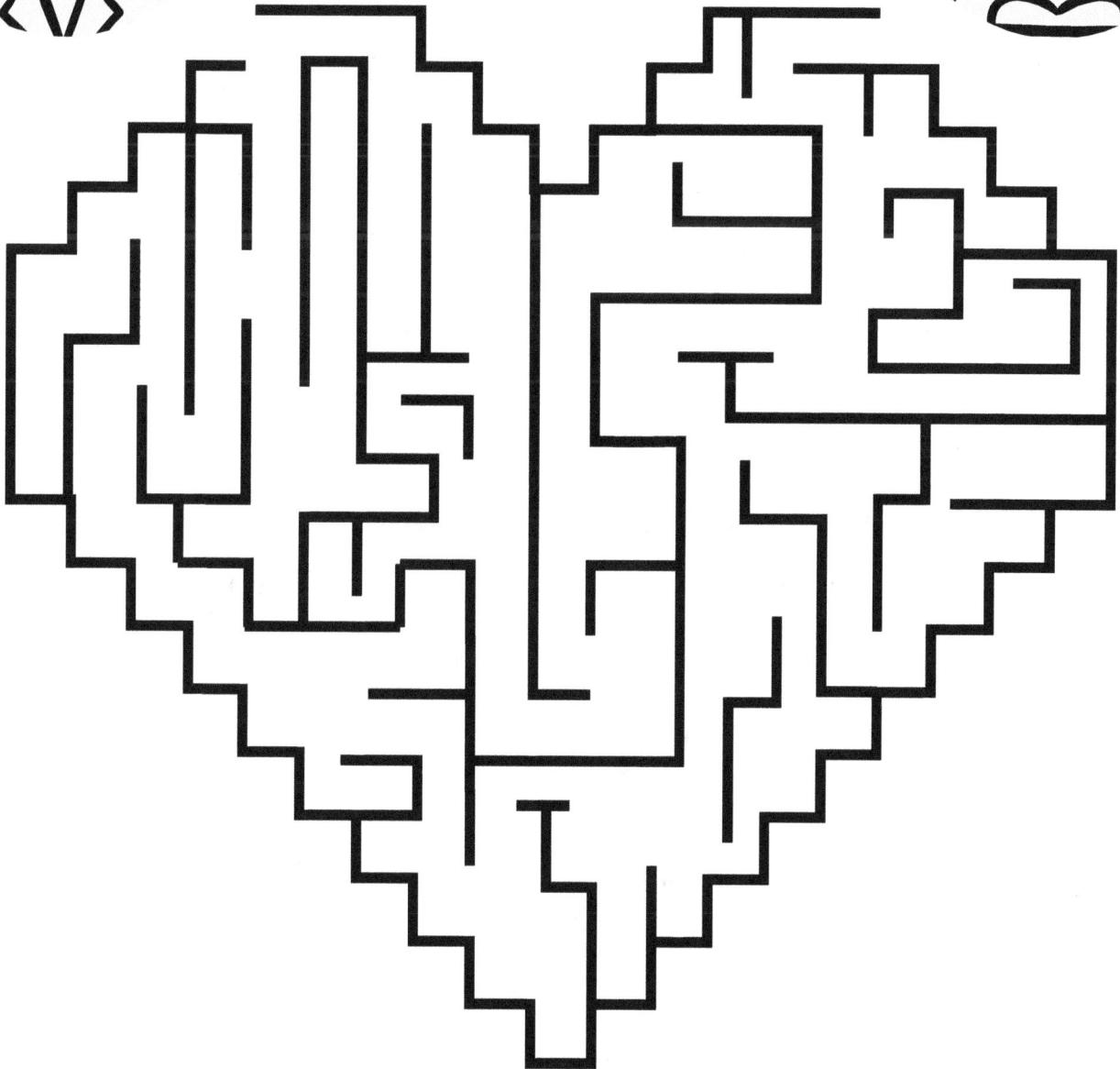

Decorate your own wedding cake

Match the wedding things together.

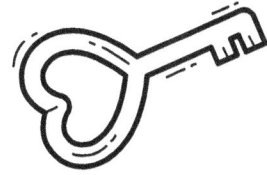

Spot the difference with the two pictures.

Write down your sweet message for the bride and groom.

just married

LOVE

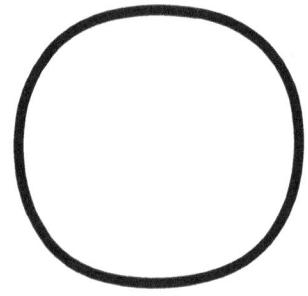
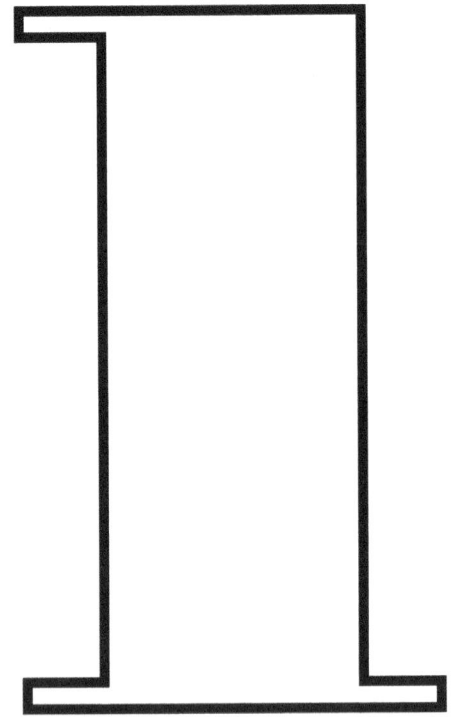
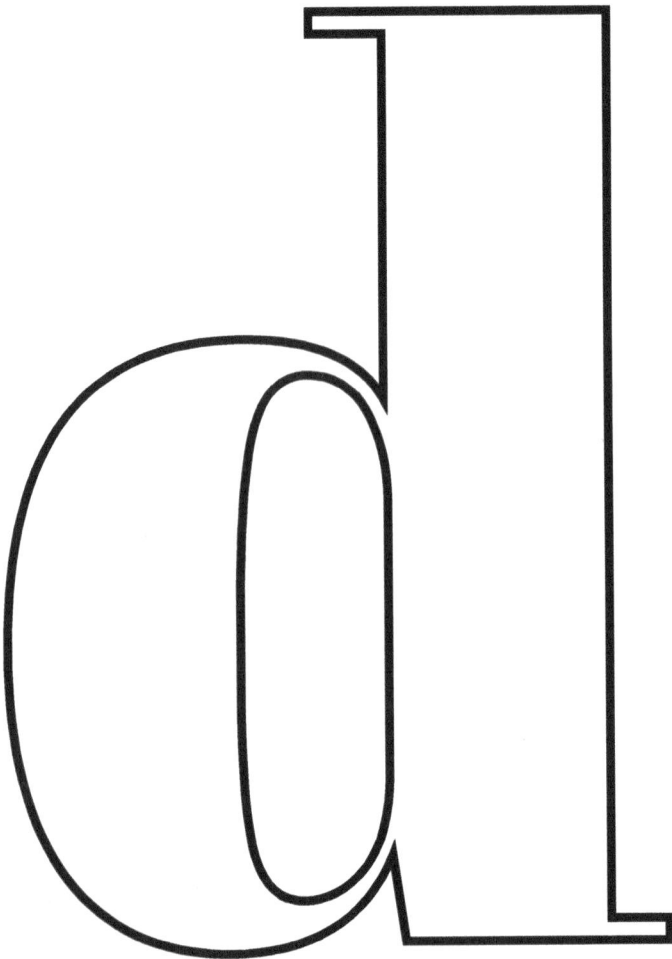
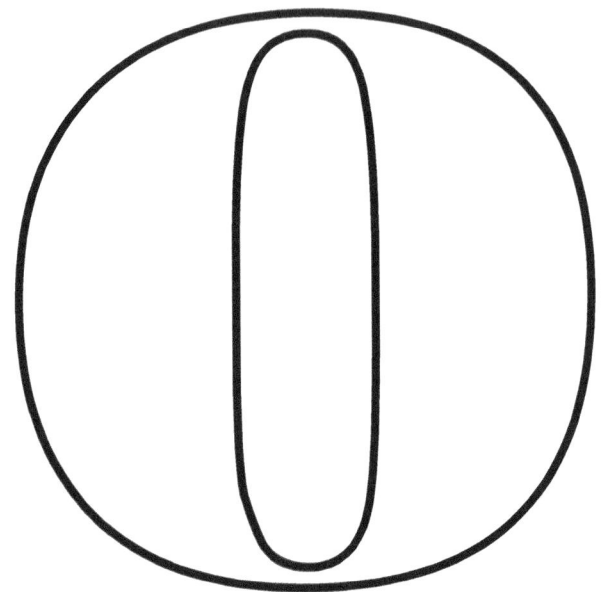

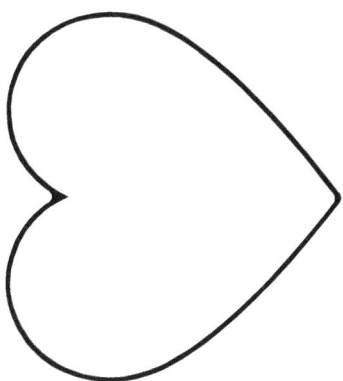

TOGETHER FOREVER

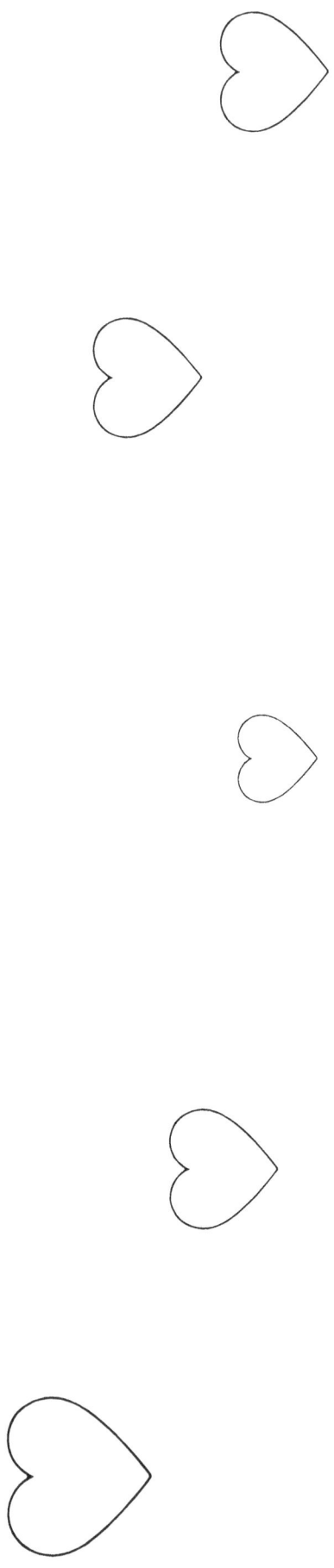

and they lived
HAPPILY ever
after...

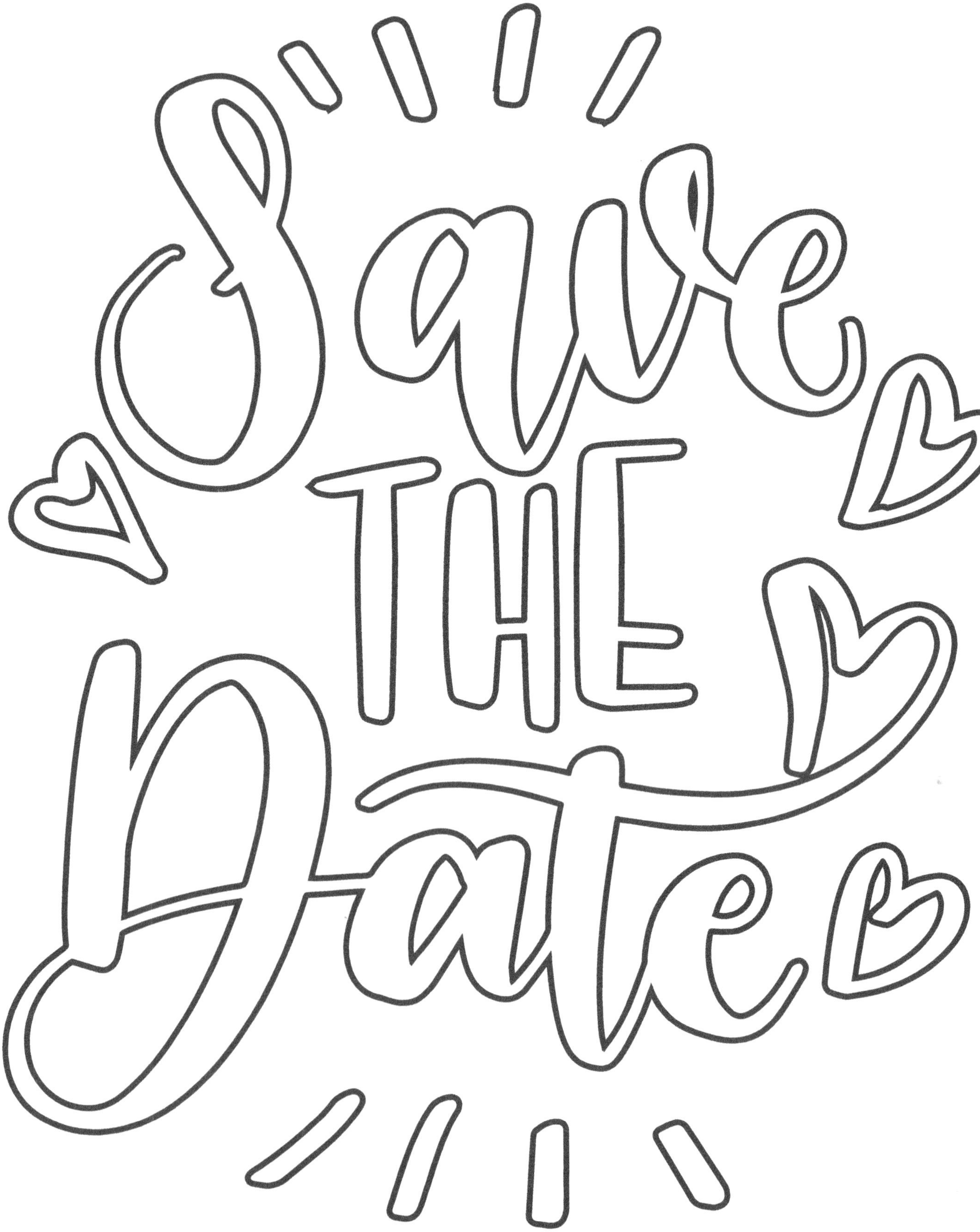
Save
THE
Date

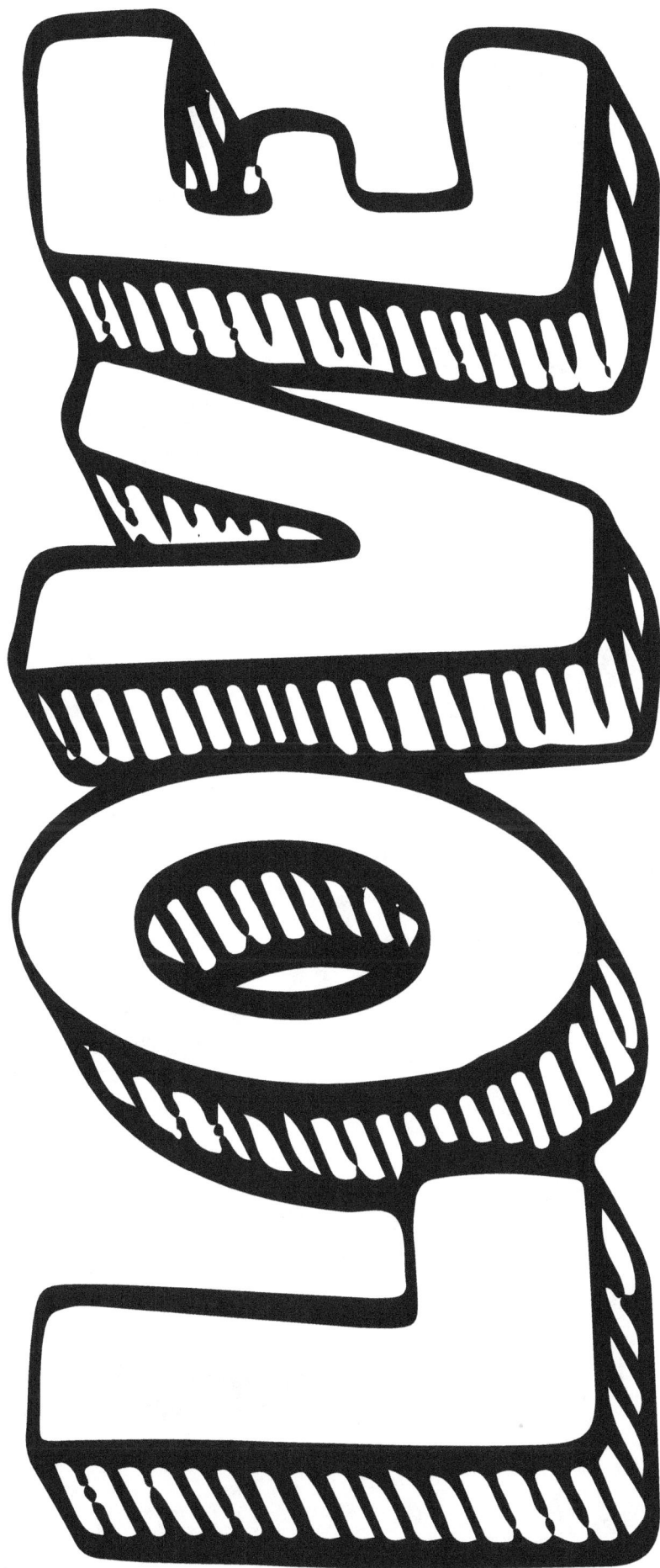

LOVE

THE love OF my life

racism is bullshit

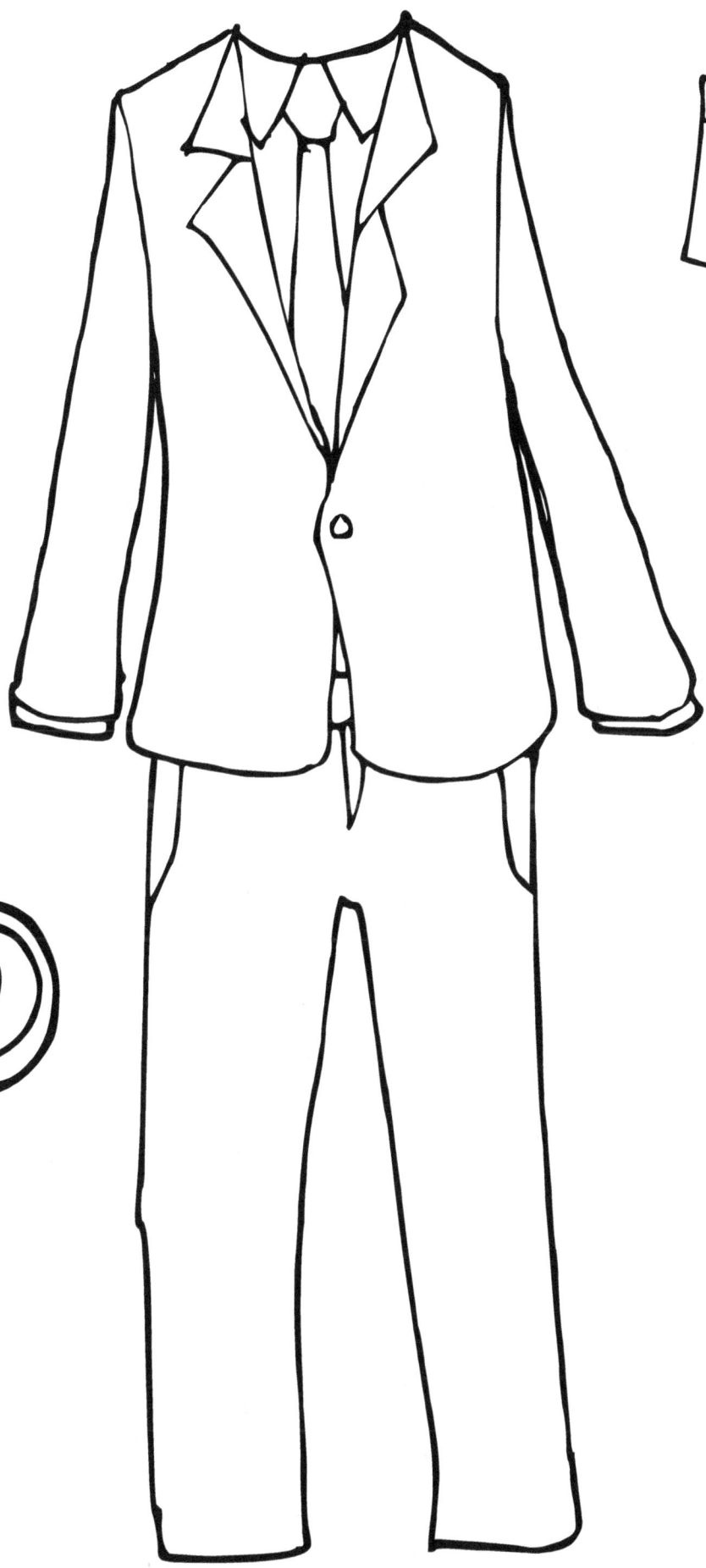

WORD SEARCH

```
E X P P M V E E L J D B
B U W Q J K A H L O V E
E S E L Z S H B H G Y W
L V D H U S B A N D R Y
L M D H X W I N E R D M
S W I J B C S A R H Z E
L Z N R R S Y C Y I V N
S W G C L Q O N U O N Q
B I A A U C I K D I X G
W L Y K A N R I B B O N
W I F E Y S F U U B F V
C I U G M A R R I A G E
```

Search up, down, forward, backward, and on the diagonal to find the hidden words.

MARRIAGE	LOVE
HUSBAND	RING
WIFE	RIBBON
DOVE	WINE
WEDDING	BELLS

Help the groom get to her bride

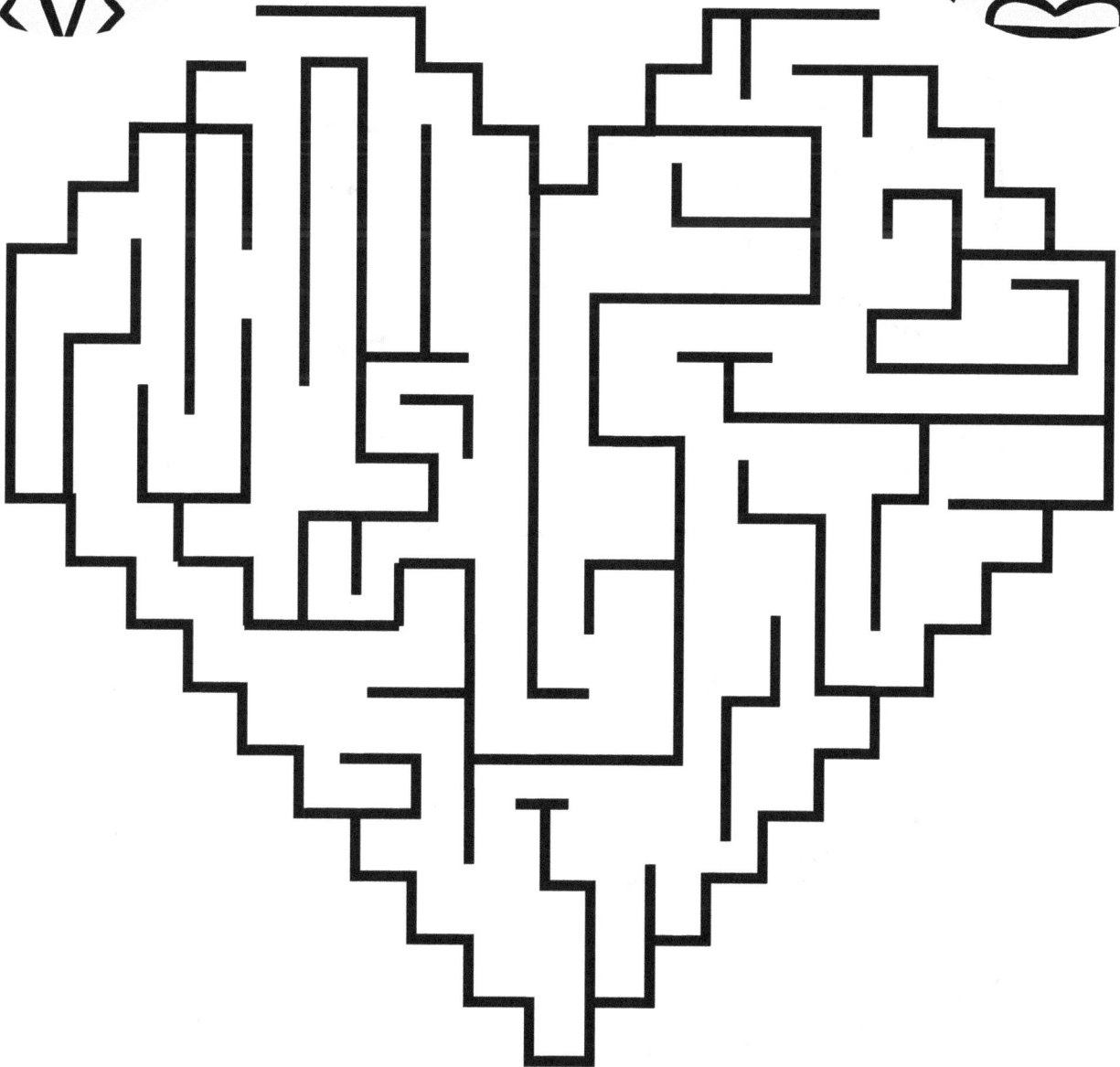

Decorate your own wedding cake

Match the wedding things together.

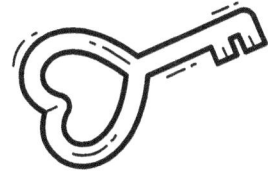

Spot the difference with the two pictures.

Write down your sweet message for the bride and groom.